오늘을 잇다

오늘을 잇다

오현정 시집

月刊文學 출판부

| 시인의 말 |

말과 글은 민족의 문화이고 혼이며 정신이다. 언어가 다르다할지라도 서로 다른 시간과 공간을 초월해 소통할 수 있는 현대 과학의 발전은 기적이다. 생존과 번영을 위해 유한한 목숨의 영원 희구를 글과 그림과 노래로 남긴 절실함이 후생의 인연에서 생명의 꽃을 피운다. 예술은 시대의 문화이다. 그 중심에 詩가 있다.

과거와 현재와 미래에 대한 통찰을 문자화 하려는 문학의 창의성과 상상력은 현실의 바탕 위에 이루어진다. 역사를 통해 할머니의 말씀과 어머니의 문자는 영광과 고난의 흔적이며 영감의 무늬이기도 하다. 詩人의 탐구심은 압축된 서정의 시적 자아로 역사인식의 확장과 생명미학을 추구한다.

제11시집을 엮는다. 오늘을 이어오기까지 보고 읽고 체험하고 발효시켜 쓰게 해준 피, 땀, 눈물의 무게가 가치 있는 향기가 되길 바란다. 가족과 함께 한 모든 닿음이 내일을 열어줌에 감사드린다. 민족의 정체성을 지키기 위해 저자를 성찰하게 한 언어학자인 체로키 문화센터의 아이리스 윌로비 연구원께도 고마움을 전한다.

2025년 화창한 여름날
오현정

차례

시인의 말   004

오늘을 잇다 1

리나 덕분에   012
오늘을 잇다   013
가 벼슬과 12현의 조화   014
황금의 나라   015
선 넘는 여자   016
우정을 발굴하다   017
서봉총(瑞鳳塚) 금관   018
신라가 온다   020
수로부인 같아   021
시인의 모자·1   022
시인의 모자·2   024
시인의 모자·3   025
시인의 모자·4   026
시인의 모자·5   027
길가메시를 굴리다   028
절차탁마(切磋琢磨)의 달   029
동루골 매자   030

아찔한 질서 2

모과나무를 두고 오는 저녁   034
아찔한 질서   035
꼭짓점   036
시인의 주소는 지금이다   038
먼 새를 보낸다   039
봄, 가기 전에   040
알렉산드리아의 낮달   041
야합(野合), 어쩌나   042
석류의 모더니즘   044
드론의 봄   045
해처럼 가서 달빛 되기   046
고상한 농부   047
감사의 마법   048
성서천의 내일   049
명예의 정맥을 짚다   050
해바라기, 오로라를 만나다   052
여기 함께 샘을 만들래   053

내일을 잇다 3

물요일 오후 3시 056
내일을 잇다 057
W.W.W. 시대 058
바람의 숟가락 060
내일의 꿈 빛 061
은륜(銀輪) 062
그게 무슨 뜻이죠, 네? 063
먼지의 별을 닦는다 064
지구라는 점 하나, 너라는 점 하나 065
사계절을 나누어 줄게요 066
사막 비 067
흑룡이 인디언 풍으로 말하다 068
다시 가는 아프리카 069
아직 읽는 중 070
혼자면 어때 072
다가올 기도 073
라우다테아움 074

화창한 시작 4

빨간 목백일홍의 집 　078
화창한 시작 　079
차콜의 반사 　080
사람의 세계 　082
들국도 숙제를 한다 　083
자연세탁소 　084
메꽃의 저녁 　085
배추꽃 　086
하루 세 번 　087
꼬리에 바질페스토를 얹은 은빛여우 　088
부추꽃 　089
개인적인 선택 　090
고비를 해체하다 　092
너를 볼 때면 선수처럼 　094
감고덕사행 　095
저속설계도 　096
이루다 　097

청보리 티켓 5

푸른 망토　100
마트료시카 오는 날　102
유목민의 고리　104
경이롭다　106
바다를 풀다　107
두 눈으로 듣다　108
진화의 고리　109
페트라　110
어싱, 낙원　112
필두화(筆頭花)　113
만다라트　114
환유(換喩) 씨는 생생해　116
청보리 티켓　117
샹그릴라　118
나도 별 당신도 별　120
솔 씨의 터전　122
텔아비브님　124
무한대로 번지다　125
엘리스가 떠나기 전에　126

1
오늘을 잇다

리나 덕분에

맑은 소 웃음 짓는 콧잔등
밝은 너의 눈동자
우리 행복 온 누리를 물들인다

백일홍 지듯이 사람도 가는 거란다
그 많은 순간과 이야기를 남긴 채
언젠가 사람과 사랑은 저물지만

햇볕에 기대지 않고 그늘에 주눅 들지 않고
살아있다는 기별을 보내는 새싹을 자세히 보렴

그 숱한 상처와 아픔의 줄기 속에서 물이 오른다
바람과 추위는 마음의 어금니를 이기지 못한다

외로움과 슬픔 속에서도 꽃잎 열리는 걸 보렴
눈 길 열고 애기동백 활짝 피듯 반가운 사람이 온다

지구별은 어깨 걷고 하늘은 고민중독* 중이야
설렘과 기쁨 안고 희망은 일어선다

    * QWER의 노래 제목.

오늘을 잇다

흙이 되어
나를 다져주시는

물이 되어
순리를 가르치시는

불이 되어
다시 일어서게 하시는

바람이 되어
데려가시고 보내주시는

궁금하고 먼 그리운 사람들
오늘도 닿게 하시고

이어주시는 모국어 덕분에
내일이 기다려집니다

가 벼슬과 12현의 조화

여름비를 맞으며 이효석 문학관 근처에서
양푼에 담긴 밥에 고사리, 데친 어린배추, 콩나물에 무채 무침을 넣고
푸른 바다와 생의 열매를 비빈다
강된장을 넣어 골고루 섞으니 가야금 12현의 조화가 들린다
빗소리도 없으니 물안개 서린 풍경이 점점 환해진다

갓 따서 소금으로 살짝 절인 양념오이가 아삭아삭 걸음을 가볍게 한다
한 사람의 일생을 고스란히 빛 밝히는 봉평
듬직한 너른 산을 등지고 동 카페에 앉아
메밀 차 한 잔, 속수무책의 원고지 칸을 따뜻하게 채운다
효석님 십리 길을 걸어 차를 마시러 왔던 길
단숨에 달려와 여전한 콩포기와 옥수수잎새*를 어루만진다
정리되지 못한 내 안의 상념이 그의 발길을 읽고 있다

* 이효석의 소설 「메밀꽃 필 무렵」 중에서.

황금의 나라

개 목줄도 금줄로 매니 배가 더 빵빵하구나
황금의 나라 신라는 금이 출렁출렁 넘쳐
지체 높은 양반 따라 순장된 개는 흐물흐물 썩고
금 목줄만 영영세세 빛난다

식구들의 허기라도 채워보려고
러시아에 파병된 비쩍 마른 북한군
총알먹이로 드론에 쫓기다
동토의 나라에서 썩지도 못하고 뼈가 시리다

몸값은 헐하고
금값은 무쌍하다

선 넘는 여자

나는 스물두 살의 꽃봉오리
파티의 사진모델이야
금제 드리개와 금목걸이
금팔찌와 금반지를 양손가락에 걸고
금제 허리띠는 너무 헐렁해
졸라매니 휘어졌어
금관도 잘 맞지 않아
찰랑거리는 곡옥 몇 개가 떨어져도
신라는 황금의 나라
이 몸 휘황찬란하게 빛나
게슴츠레하던 모두의 눈빛이
오늘밤은 평양기생 차롱파가 왕이요
금빛 하룻밤을 겹겹 치마폭에 담는데
이 무거운 금관의 진짜 주인은 어디로 갔지

우정을 발굴하다

궁금해서 날아온다

첫 걸음에 날개가 달려
그이가 사는 사무치는 곳
그 땅의 흙을 만져본다

바람을 막는 마음이 나서서
쌓인 먼지 털어주고 얼룩을 닦느라
폭우가 쏟아지는 지도 모른다

함께 우산을 쓰고
젖은 발 맞춰 멀리까지 걷는다

오래가는 친구는
고고학자의 영혼의 연구서이다

서봉총(瑞鳳冢) 금관

꿈만 같다
머나먼 동양의 나라 경주 노서동 고분 발굴현장에서
삽을 들고 인류의 조상들이 먼저 나누었을 우정의 흙을 어루만진다
금관을 품고 침묵하다 못해 말하는 흙을 붓끝이 떨며 털어낸다
가지마다 세 마리 봉황이 곡옥을 흔들며 깊은 잠에서 깨어나
사슴뿔은 오래 전부터 나와 꿈속에서 친구였다며 손을 잡는다
'나는 스웨덴의 황태자 구스타프 아돌프 6세'라고 하자
'당신은 이제 동서양을 횡단하는 진정한 고고학자'라며
스웨덴의 상징인 서(瑞)
금관의 세 마리 봉황의 봉(鳳)
신라 왕족들의 또 다른 황금나라 총(冢)의 기념을 위해
이곳을 서봉총이라 하십시다
손 사례도 사양도 발굴단장 고이즈미 앞에선 소용없다
그는 야망대로 평양박물관장이 되었고
파란만장(波瀾萬丈)을 겪은
서봉총 금관은 1963년 1월 21일 대한민국 보물로 지정되

었다
　현재 국립박물관에서 전생과 후생의 인연을 기다린다

신라가 온다

해돋이 따라 능과 능 사이의 거리를 재본다
고분 사이 햇빛은
쓰러진 왕비를 일으켜 세운다

엄마손 같기도 하고 이모눈썹 같기도 한
꽃바람은 구름화관을 걸고
바다 속에서 뜬눈 새운 문무대왕님 만나러 간다

출렁이는 물결에 일편단심 바위를 안고
아지랑이 꽃은 멍이 든다
협곡을 닦고 쓴다

강하고 풍요로운 나라
존엄의 더께는 내일을 열기 위해
궁궐 담에 쟁여둔 꿈의 줄자를 촌음(寸陰)이 찾고 있다

수로부인 같아

아무래도 노서동 서봉총의 주인은 그녀 같아
금관의 은은한 빛과 이어지는 선이 너무 우아해
우수가 깃든 것 같기도 하다

가야에서 신라왕족이 된 삶이 어찌 만만했겠나
다급하고 곡진한 생을 맷돌에 갈며
보름달 아래 풍요로운 상을 차려낸다

박차고 날아오르려다 치마폭을 다시 접고
뛰어내리려던 벼랑에서 꽃을 따
아이를 위해 화관을 만드는 여인

현생은 날마다의 업을 엮어
후생까지 이어지는
질긴 목숨의 미로이다

시인의 모자 · 1

 멋져 부렀소 시와 삶이 일치한 윤동주의 '서시'는 펜을 다시 힘껏 잡고 유치환의 '생명'이 꿈틀대는 날 막걸리 새참을 이고 가오 밀짚모자로 땀을 식히는 정지용의 '향수'가 노래하고 그때는 그랬지 그 사랑 김소월의 '진달래' 길 따라 아늑했소

 읊기만 해도 그림이 그려지는 김종삼의 '묵화'가 소처럼 서 있어 우리말을 벼리다보면 아름다운 백석의 '남신의주 유동 박시봉방'에서 애틋한 보석을 캐지요 지식인의 시대적 갈등을 '풀'로 일어서게 한 김수영의 눈썹은 시퍼런 '풀'로 비겁한 가슴에도 슬몃 자라오

 시인의 고뇌는 늘 '마음의 수수밭'에서 천양희를 만나오 미소가 절로 나는 문인수의 '쉬'를 머금고 재치와 위트가 가득한 김사인의 '봄바다'에 가서 그대의 귀와 눈을 비비고 콧등에 혀를 얹다 날아가려는 모자를 다독여 다시 앉혀요 갓은 중국고전을 다 읽은 사람만 쓴다기에 평상 위에 둔 갓끈으로 묶지 못해 그만 바람에 날려 보냈소

 높은 모자 둥근 모자 리본 달린 것 천지의 춘하추동 모자란

모자는 다 써보고 싶은 당신은 패셔니스타, 엉기고 치대고 곤한 사람살이에 지친 누군가 붉어진 눈가에 양귀비꽃 한 송이 들었오 서로의 두 눈이 오늘은 보배요 벼슬이요 잃어버린 그 모자가 늦가을 바람에 실려 오는 듯하오

시인의 모자 · 2

님이 없다면 詩도 없다야 한용운을 만난 달이 삼각 턱이 된다야 '님의 침묵'에 여위어 서리서리 깊어간다야 하늘은 쉼표, 수수께끼를 받들어 올려다본다야 북극성이 한 국자 따신 국물 떠주는 이용악의 '전라도 가시내'다야

다리 옆을 짚어보니 '목마와 숙녀'를 앞세운 박인환은 빙긋 웃는다야 길 잃은 나의 모자는 '나그네'처럼 박목월을 앞세우고 도서관을 순례 중이오 님의 써보시오 모자가 어울릴까 거울삼아 안과 밖을 조여 본다야

울지 마오 존재여 김춘수가 건네주는 '꽃을 위한 서시'를 서러운 쇄골에 저며 넣고 간다야 이상의 '오감도'로 간다야 님이 오시려나 님이 온다면야 가랑잎 물든 늦은 저녁을 안치며 나 14번째 고백에 골몰한다야

시인의 모자·3

 당신을 기다린 '사평역에서' 곽재구를 만나오 만나고 헤어지는 생의 가교에서 강은교의 '우리가 물이 되어' 만나면 정호승의 '별들은 따뜻하다'고 위무하며 남은 한 쪽을 넘기고 있소 캉골 모자 삐딱 쓴 저 남자는 이제 그만 집에 가서 왕비마마를 찜 쪄 먹나 볶아먹나 더 싸돌다 후궁들을 지져먹나 무쳐먹나 궁리중인 것 같소 천하의 바람도 갈바람 불면 한 풀 꺾어져 잔잔해 진다는데 당신의 욕심과 나의 우매한 심보는 정음(正音) 속에서 지금 흔들리고 있소 혼자 멋쩍게 썼다 잠들 때는 고이 벗어야 하는 이승의 모자, 쓰고 가지도 않을 모자 대신 나의 뼈에 스밀 어진 딱 한 마디가 절절하오 '대설주의보'가 내릴 것만 같아 최승호를 덮고 기형도의 '빈집'에서 '삽'을 꺼내니 정진규가 살아오고 있소 대설도 지나 밤이 가장 긴 날 주저앉은 각이 나를 호명하오

시인의 모자 · 4

 와아, 이게 대체 얼마만이요 그리 높은 모자를 쓰고 오시니 당신을 이내 몰라 봤소 오늘도 그때처럼 박두진의 '해'가 떴소 '남해금산'으로 이성복을 만나러갑시다 예전에 오규원의 '한 잎의 여자'가 당신의 '저녁 눈'을 기다릴 거요 박용래의 넘치는 눈물이 시인의 온몸에 새겨진 파도경전 이라오 하여 당신의 전언을 나는 늘 황동규의 '즐거운 편지'인 양 읽고 있소

 모자를 쓴다는 것은 관을 얹는 것과 진배없소 하나를 얻으려면 한 움큼 머리칼을 뽑아줘야 하는 게 세상이치잖소 순정과 순결만으로 살 수 없는 시대에 마초의 사내 박남철은 '어머니'를 부르며 야유와 욕설을 그나마 줄였을 거요 벗을 수 없는 모자를 쓴 채 나는 가끔 김기림의 어깨에 기대 '바다와 나비'를 찾아 부유했소 흐르며 젖는 물결이 튀어오를 때 나는 살아 있소

시인의 모자 · 5

 자본주의의 극치 라스베이거스로 날아가고 싶소만 해괴한 역병으로 시골 농막에서 하룻밤 묵었소 머릿장 위에 오탁번은 '순은이 빛나는 이아침에' 밝게 맑게 걸어라 하오 송수권의 '산문에 기대어' 경하하는 시인들이 다 써버린 위대한 한글대신 김혜순의 '잘 익은 사과' 하나 통째로 물고 아그작 대는데 김기택의 '소'가 마치 훈민(訓民)하듯 커다란 눈망울을 굴리며 한숨을 토해내오 그 울림 속에 무궁무진한 메아리가 들었지 뭐요 어이할까 엉거주춤 김명인의 '너와집 한 채'를 이고 승승장구 최승자의 '일찌기 나는'이라고 한 마디 하려다가 어서 어서 다그치는 실행 화면 앞에서 배알도 없는 내시처럼 대화상자에게 조아린다오 창밖은 꽃망울이 근질거리는 나무들이 모자를 벗어던지고 몸을 비벼대오 봄의 극치는 젖빛 모란이요 사라진 쥬빌리 쇼의 무희요 '모란이 피기까지는' 영랑의 송라립 쓴 배경일 뿐이오

길가메시*를 굴리다

앞산의 또릿또릿한 나무들도
쭈뼛 쭈뼛 따라오다 너였어, 눈 맞추면 쑥스러워 한다

목마른 아기똥풀 마냥
내 속을 파고드는 간밤의 꿈말 너처럼 푸르다

천진천 물결처럼 무심한 돌이 감당할 속도를 아는 황장목
술렁술렁 바람결을 잡는 여간내기가 아니다

뭉게구름과 실바람을 휘감는 거리가 얼마나 먼지
길가메시 프로젝트는 소나무 숲 해먹 위에서 흔들린다

산다는 건 그늘도 아우르는 해를 밀어 올리는 일
햇살도 내일을 다 안아 올리기 벅차
나무들이 노곤한 두 다리를 펴는 저녁에 솔잎별을 띄운다

은은한 솔향은 불멸의 그림자를 품고
철없는 문체는 머쓱머쓱 저녁 옷을 입는다

　* 고대 바빌로니아의 서사시에 나오는 주인공.

절차탁마(切磋琢磨)의 달

아무리 신이 나도
아무리 낭패 중이라도
시간의 패도를 수정할 수는 없다

나도 먼지 그대도 먼지로 돌아간다
불이었던 나, 흙으로
바람이었던 그대, 강으로
비늘 떨구며 은하수 건너간다

먼지보다 작은 별이 되어
곤고한 사람
심신의 방에 영혼의 심지 돋우러 간다

비교하지 않고
기대하지 않고
가장 못난 나의 돌을 쪼개면

우주에 반사되어 물든 나무위에 걸리는
저 밝음
아린 빛, 둥글어진다

동루골 매자

별이 내려온다
보고 싶은 나무 어깨 위
붉게 그은 금 지우려
모종을 골라 봐, 둘이서 흥얼댈 때
너와 나를 지키는 가시가 울타리를 친다

싫증나서 까탈 부린 게 아니라 식구들을 위해 천사가 된 매자
시집가기 전날 밤 몰래 심어놓고 간
매자나무는 속이 단단한 토종 사과나무였다

매자를 붙잡지도 따라갈 수도 없는 고향은
북쪽으로 올라간 피붙이들이 꼭 여기서 다시 만나자던 약속
심장에 옭아 맨 채 분단지역의 처녀바위만 바라본다

해거름 진 마을 어귀를 걸을 때
나지막한 담벼락에 기대면 나뭇잎들은 금 긋기를 모른다
북쪽도 남쪽도 사무친 이름 매단 채 바람에 얼굴 닦는다

어디선가 옴팡지게 잘 살고 있을 매자는

눈시울이 붉게 매달린 매자나무 같아
새벽마다 미시령이 일어났나, 동루골을 깨운다
너와 나는 별길 따라 물주는 척 마당가로 나선다
쌓인 말 풀어놓는 한계령 안개만 술술 다가온다

2
아찔한 질서

모과나무를 두고 오는 저녁

풀잎 뺨에 입 맞추고 앞서가는 바람 좀 봐
벽돌 빛 원피스를 입은 모과나무 아래서
덥석, 돌배나무의 손을 잡고 놓지 않잖아

산등성이 해질녘이면 사람도 나무도 심장의 가랑잎 소릴 듣나 봐
두 발로 기어가다 네 발로 서는 하늘이 되고 싶어
사라질 듯 흔들리는 가지를 붙드네, 또 다른 손을 잡네

몽실 구름 다가서면
가슴에 실과 하나 몰래 쟁여두려
바람은 짐짓 시냇물에 징검돌을 던지네

모과나무에 안녕을 걸어두고 저녁향기는 별로 떠오를 채비를 하네
오래 전 당신의 나무인양 울퉁불퉁한 말이 치유의 청을 우리네
잘가! 를 배웅하며 달빛그늘에서 어서 와, 바람은 숨을 고르네

아찔한 질서

기린이 선채로 2미터 높이에서 새끼를 낳자 야생의 풀밭이 느긋하게 받아 안는다
꼼틀거리는 여린 숨결 못들은 척 어미는 앞발로 걷어찬다

일어서지 않으면 너도 하이에나의 먹잇감에 지나지 않아

어미는 뒷발로 어린 것을 연방 걷어찬다 일어나 걸어, 뛰다 보면 날고 있을 거야
바람을 거느리고 어미와 새끼가 서로의 눈동자 놓지 않는다 살아있는 것들의 속살을 베는 자연의 사슬이 맵다

세렝게티 평원의 구름눈망울은 기하학의 신(神)이다

긴 목을 등에 붙이고 다리를 오그려 깊은 잠에 빠지지 않는다 어미 기린의 선잠은 광활한 들판을 지킨다 낙법은 영역을 지키고 넓히는 모성, 풀씨도 차례를 지켜 발을 구른다
모든 생명은 추락의 명패를 달고 온다

꼭짓점

그 위에 뭐가 있긴 있다
올라가기 위해 면을 집중해서 폈다 접는다

접어버린 면의 낯짝이 스멀거려도
이마에 광을 내고 정수리에 힘을 준다

뿌리 이식될 때까지
기둥에 기대 댄스, 댄스
꼭짓점을 향해 비빈다

거기서 어차피 만날 것을 점친 것처럼
꼭짓점볼펜으로 하나씩 밀어내고
차곡차곡 접다가
미끄러질 때마다 아차, 온냉 점자스티커를 붙인다

양면이 나란하기 위해
잃어버린 큐빅 피어싱 귀걸이 한쪽
침대 밑에 랜턴을 킨 채 각, 각 긁어 찾는다

앞과 뒤를 맞추기 위해
서랍장은 야간낚시를 가거나 고출력 야생조명을 켠다
포근한 쿠션에 태슬을 달아도
뿔은 스케이트보드를 타고 날아오지 않는다

시인의 주소는 지금이다

얽매이지 않으려 초원에 길을 낸다

낙타와 말이 먹을 물과 들풀을 찾아 달리다
하얀 가죽부대에 갇혀 저절로 발효된 언어를 마신다

편자를 갈아 끼울 곳에는 오아시스가 보이다
고공의 넋이 쉬고 있는 풀밭, 이내 사라진다

시인의 주소는 구름의 와디 넘어
바람이 데려간 사하라 사막의 신기루

암벽에 올라탄 매의 발톱은
모래의 귀를 읽다

돌올한 이름 아직 도착하지 않아

봉투 속 맨발
풀빛 파르티잔 귀하라고 쓴다

먼 새를 보낸다

아버지 제삿날 재기에 하늘을 담는다
구름을 담아 올린다

일곱 살 가오리연이 천신(天神)께 막 날아오른다
꿈의 꼬리를 빚는 아직도 구름은 물안개 숲이다

물푸레나무에 기대 씨앗을 손등에 얹고 절한다

날개를 접을까 전신이 어둑어둑해질 때
아버지는 나의 등 두드리며 꽃 초롱을 켜신다

연줄을 놓지 않고 떠먹던 구름 한 숟갈 숲에 내린다
어둠이 날갯짓하며 날아오른다

숲속의 생명은 좋고 나쁨 없다
있는 그대로를 싹 틔워 나무기둥이 되고 바람이 된다

가지 끝에 매달린 바람 한 점
먼 새의 부리로 언어의 날개를 저어간다

봄, 가기 전에

꿈은 해일을 넘어서는 생명이다

내 속에서 밀려오는 바라데로의 구름
네 속에서 넘치는 말레콘*의 바람과 나란히

방파제를 넘어 은모래 야자수 아래
부르튼 발가락을 편다

모히또 맑은 잔 위에 초록 한 잎 띄우면
생과 사의 멀고도 가까운 마법의 부적

더 멀리 돛배를 저어간다

  * 쿠바의 수도 아바나의 명소.

알렉산드리아의 낮달

양떼구름 내려오는 성곽 해변을 따라
시대를 앞서간 두 여인이
나를 부른다

알렉산드리아 도서관 벽에 새긴 한글이
히파티아인 양 나를 붙잡는다

세, 월, 강 세 글자는
대한민국의 유전자를 기억하고
술수와 마녀사냥을 거부한다

동서양을 뛰어넘어 고대와 중세를
바람 가르듯 지나는 클레오파트라의 혼령
술사의 몸을 빌리러 바삐 간다

알렉산더 대왕의 진격처럼 열망의 후손을 낳으려
오직 선함으로 온다
여성의 역사, 어머니가
파도 위에서 지구별로 온다

야합(野合), 어쩌나

치마를 훌렁 걷고 뽀얀 엉덩이를 드러내는 여름
어쩌나, 너와 내가 하나 되면 못 이룰 게 없다고
끓어오르다 넘쳐 들판으로 내달린다

열여섯 살 물오른 밭에 마른 씨앗은 솟구쳐 오른다
처녀와 야합한 오십 네 살 간극도 흐드러지는 신록의 경전인 양
안징재 뱃속에서 어린 공구(孔丘)는 자랐다
세 살짜리 아들을 두고 하늘나라로 간 숙량흘
인물은 고난이 만든다고 아내마저 불러올렸다

울음 대신 허기진 배와 야합하다 예를 갖춘
야생화의 목을 타고 산등성 오르다 깊은 덕 쌓은
공자님 왈, 하늘과 땅을 가리키며 부모는 하늘과 땅
언제 어디서든 부끄럽게 하지 말아야 하거늘
어쩌나, 배부른 사람 중에 오만함을 나누니

나의 피눈물과 근본도 모른 체 야합을 팔아먹고 있다
올 것은 자신을 이기면 저절로 오거늘

왜 그리 숨 가쁘게 얻으려는지

뒷산에 오르면 앞산도 보이거늘
혼자 솟아오르려는 학생들이
재재거리는 새들과 야합하러 가니 어쩌나

석류의 모더니즘

다래와 찔레길 쪽으로 걸어가다
나무의자 위에 그늘을 앉히고
오른쪽 귀 위에서 이마 아래 동그란 내일을 붙인다
급이 다른 캐릭터가 등장하는 게임에 심장을 얹고
너를 누르기 시작한다

창과 방패에서 불꽃이 튄다
팔과 다리가 길어진다
도시에서 해변으로 종횡무진
가슴에 저장해둔 불경하거나 은밀한 것들, 뛰쳐나와도
절대 묻거나 명령하지 않는다

너는 처음 보는 묘한 옷을 입고 등장해
저장된 힘을 분산시켜 뼈로 세운다
연주가 아닌 오케스트라를 지휘하는 초월적인 세계로
너의 얼굴이 시시각각 돌출하는 한순간
빨강의 입체감이 뭉클 터진다

드론의 봄

얼어붙은 바람을 가른다
냉전의 시간을 뚫고
진실의 무게를 나른다

시대를 넘는 의인을 찾는 막중한 임무
대충 알면 모르는 거다

오래전이나 지금이나
한 사람이 오천만만 과녁이다
하늘의 뜻을 헤아리는 가인이 오고 있다

해처럼 가서 달빛 되기

먼 여행길 멕시코 그 어디쯤인가
하얀 페도라를 쓰고 맞장구 쳐주었지

건달처럼 그렇지, 그렇지 하는 동안
숲속의 나무들은 해를 숨기려 하고
세 줄짜리 문스톤 목걸이는 물빛으로 흘렸지, 굴절로
신비감 없는 사람은 다리 없는 새
날아갈 수 없는 마음은 걸핏하면 비가 내렸지

쓸쓸해서 구름에 가려진 해는 달이 되었지
언제든 무지개를 띄울 수 있게
둥글어지면서 빗금 친 속을 내다 널었지

네가 그 길에서 천천히 내게로 오던 날부터
달은 달떠서 마음이 아팠어
저릿저릿 네게로 가면 너도 붉어져 노을이 되는
이 길의 이름을 알고 싶어 떠나면서 둥글어져

고상한 농부

시골길 감나무에 주렁주렁 매달렸던 감이
장독 안에서 손주들을 기다린다

볏단을 가득 실은 황소가 느릿느릿 시골길을 걷자
그 옆에서 함께 걷던 농부가 걸음을 맞춰준다

농부는 곤한 삭신의 무게를 달구지 위에 누이지 않고
볏단을 짊어진 지게의 중심으로
가마니 같은 손발로
황소의 큰 두 눈에게 말하며 걷는다

까치도 먹고 살고
소도 먹고 살아야
어린 것들이 쑥쑥 자라
단감 같은 나라가 된다

감나무 위에 딱 하나 남은 홍시가 마중 나오자
노을 빛 이고 달려오는 아이의 뺨이 붉다

감사의 마법

우리 할아버지가 심은 하조대 바위 위 저 소나무
땀으로 젖은 바위틈에서 솟아올라 움쑥움쑥 자란다
날마다 젊어지는 저 소나무가 나를 부르고 우리를 지켜준다

우리 할아버지는 제우스보다 더 바람둥이다
미인을 보면 돌도 녹이는
생존의 왕이고 번식의 왕이시다

소나무 중의 애국소나무
불로장생 할아버지의 예술혼에 동해물도 너그러워
바람타고 또, 터 잡으러 태평양을 건너가시나

명당 찾아 발바닥 부르트게 길이길이 오시는 걸음마다
솔가지와 솔방울을 말끔히 닦아 머리맡에 둔다
뒤척이던 잠결도 빙긋, 시야가 넉넉하고 훤하다

성서천의 내일

산꼬리풀도 일어서 바람에 나부낀다
걷기나라의 아침은 무지개 세상이다
킥보드로 달려온 청년이 오 백년 넘은 느티나무에게
이번에는 정말 취업이 될까, 묻는다
큰애와 함께 체력단련중인 가장은 월급이 오르면
아내도 유모차에 쌍둥이를 태우고 함께 걸을 거라고
상록애기줄기에게 자랑한다
늙은 아기 손잡고 숨 가쁜 할머니
목수국 옆 나무의자가 괜찮아요, 쉬어가란다
커피와 빵을 사들고 가는 연인들 앞
개 두 마리가 사철나무에 한 쪽 다리를 걸친 채 볼일을 보자
앳된 처녀는 혼자 붉은 영산홍에 헛기침만 한다
무늬 호스타도 잎이 넓어진다
햇살 오르는 강물에 물오리가 난다
자연은 사람을 위해 그림자 짙어지고
사람은 꿈을 향해 흐르는 물인 양 걷는다

명예의 정맥을 짚다

 암만의 골목길에서 키 크고 바싹 마른 사내아이가 다른 부족의 아이들과 싸우고 있다. 세가 불리하니 항복하라고 구경꾼들이 외친다. 여기서 죽으나 돌아가서 맞아죽으나 마찬가지라고 아이는 전력을 다해 두 주먹을 불끈 쥔다. 눈퉁이가 부어올라 보이지 않는데도 요르단의 아이는 자기네 부족의 자존심이 모세의 지팡이보다 더 강하게 우뚝 종려나무에 걸려있는 걸 본 모양이다.

 일전에 수염을 양옆으로 길게 땋은 부잣집 유대인 아이에게 져 준것이 너무 창피하다. 그 아이는 검은 양복에 흰 셔츠로 조화롭게 위엄을 챙겨 입고 통곡의 벽 앞에 서서 할아버지, 아버지, 어머니의 돌아오지 않는 살을 돌 틈 사이로 날마다 어루만진다. 혈육의 피 속에 명예는 대동맥을 지키는 정맥이다.

 탄생과 동시에 교육된 랍비의 숨소리와 애국심이 아이에게로 온 것일까. 눈빛과 품세가 어른을 능가한다. 청년의 주위는 메마르고 풀이 없는 대신 수염은 새카맣고 풍성하다. 늘 적으로부터 도망 다닌 유목민은 까칠한 선인장이다. 건드릴 때마다 누군가 피를 본다.

피투성이보다 두려운 아픔을 겪어내지 않고서야 쓸 수 없는 관을 함부로 머리에 얹은 사람들이 슬며시 꼬리를 감춘다. 중동의 낡은 골목에서 팔레스타인의 거친 검은 아이는 수염을 날리며 오는 유대인 청년에게 빙긋 웃기까지 한다.

 황금 돔보다 빛나는 필로소피, 지혜가 무슬림과 유대교, 기독교인들을 더불어 먹여 살린다. 예수가 부활한다면 당장 불같이 화내며 엎어버릴 가게들이 샬롬! 샬람 지폐를 세고 있다.

해바라기, 오로라를 만나다

한 걸음 두 걸음 우직하게 걷다
환한 쪽을 기리며 여기까지 왔다

의지할 데가 하나씩 줄어 들 때마다
진종일 무거운 해를 이고 고개 숙인
너의 꽃숨에 나도 살포시 기댄다

먼지 묻은 나의 신발을 실바람이 닦을 때
힘들게 하던 모든 것들이 노을을 따라 간다

내일을 위해 놀라운 색깔의 옷을 입고
가만히 오렌지민트차를 마신다

바삐 가야만 하는 게 덕을 쌓는 것은 아니다
기다리는 연습으로 맞이하는 빛
생의 오로라를 펼친다

여기 함께 샘을 만들래

소한 날 아침 지구의 황경이 285도에 왔다
태양이 보인다 당신 태양을 잘 아시나요
뜨겁고 눈부신 태양이 믿음직스러운가요
본 적 없는 태양 아래 햇볕을 쬐는 장님

내일도 밝고 따뜻할 겁니다
태양을 믿는다고요 과학은 역시 숫자만이 아니군요
지금 춥다고 움츠러들지 말아요
우리의 과학은 숫자로
사계절로 날마다 나아가요
걷기 위해 얼어붙은 길을 걷는다
작은 추위가 큰 이름보다 매섭다
마른 숲에 옹크린 길고양이 외롭다 눈 마주치자 내민 작은 생수병을 긁는다
  나처럼 목마른 생명이다
  숨 쉬는 동안
  이곳에서 움트고 골몰하고
  함께 보조개를 지어보는 날
  그래, 우린 또 만날거야

3
내일을 잇다

물 요일 오후 3시

짝꿍이 없어도 주눅 들지 않는 옆집 노총각
식은 밥에 몰두하다 가끔 연주회를 한다

물 말은 밥으로 붉은 고기와 정어리와 강낭콩을 부른다
색소폰이 빈혈의 절정으로 울 때까지 목울대를 뽑아 준다

우직한 뼈에 골다공증이 찾아와도
그녀의 정수리에서 새끼발가락 반달 발톱까지 혀를 굴린다

그녀는 스물다섯 개의 음공이 있어요
내가 침을 삼킬 때마다 소리가 달라져요

그는 제우스, 색소폰은 아프로디테
수요일 오후 3시 혼자 잠자리날개를 타고
뜨거운 몸을 대나무 리드에 밀어 넣는다

내일을 잇다

인문학과 과학의 발전은
인생의 목적과 목표도달에 크게 기여하고 있다

인간의 위선과 이기심 때문에
전쟁은 이어지고
지구환경문제는 날로 심각하다

올바른 용기와 지혜는
기계문명의 효능을 극대화 하고
오염된 양심을 겨누는 삶의 꽃봉오리는

나라와 인류와 지구를 이어간다
생명은 넘어지고 이어진다

W.W.W. 시대

빈주머니에 양손을 찌르고 계신 분
고맙습니다 쪽으로 오셔서 서로 사랑하세요

달라이라마와 추기경은 멀리서도 서로의 방향을 주시하고 만지죠
서로 잘났다고 다투지 않는 주머니 속의 나침반은 친구가 되는 지름길이죠

탈진할 때까지 중생을 위해 간구하는 살아있는 부처님
폭력 없는 쪽으로 가셔서 서로 긍휼히 여기세요

열리고 닫힘이 거침없는 고수는 어디서든 통하는 친구가 될 수 있죠
큰 바다는 모자를 써도 젖지 않는 화평의 내일로 찰랑거려요

지금은 촘촘한 거미줄로 관계망을 짠 월드 와이드 웹 시대
아무도 그물에 걸리는 잔챙이가 되고 싶지 않죠

기다리지 않고 붙잡지 않죠

질문 속 동서남북 방위의 정답만 필요해요

길 잃은 마음이 점점 으슬으슬해지는 이천 년
기계 속에 투영되는 나비의 불꽃을 지펴요

자침이 흔들리지 않는 은하의 공간을 붙잡고
물과 불의 자석이 된 고즈넉한 성곽 축을 걸어요

화살벌레 한 마리 휘익 지나가요

바람의 숟가락

얼음길 걸어올 때
배운 학문보다 발로 걸은 견문이 더 꽝꽝 귀를 울린다

혼자 찬밥을 먹을 때
마음 식을까 놋주발을 감싸던 두 손이 뜨끈뜨끈하다

잘 휘어지지 않는 혀 위에 김을 올리고
말랑말랑한 피와 살마저 얹어주는 바람의 숟가락은

용감무쌍하고 뻔뻔하고 날랜 노동으로
바람의 가슴을 헤치고 본 것과 만진 것을 쨍쨍 불러낸다
아랫목의 따뜻한 밥이 여가가 될 때까지

내일의 꿈 빛

꽃동산에 개미와 벌이 해바라기 문을 따고 들어온다
종소리 듣고 포르르 날아온 파랑새, 꿈 빛이다
햇빛 밟고 온 렛츠 플레이 아트 전
어른은 아이가 되고 아이는 어른이 된다
소동소동 원더랜드, 꿈과 모험의 세계로
무지개 영상을 타면 웃음소리 커진다
보고 듣고 조물조물 꼬마철학자는 낙서도 창의적이다
플라스틱 숟가락으로 매단 두 다리
피노키오의 긴 코보다 먼저 진실을 캐온다

인류의 미래를 상상하는 로봇조형은 진화의 비밀을 알고 있다
소근소근 시끄러워도 예술이 놀이라는 걸
잘 하지 못해도 지나고 나면 괜찮다는 걸
느려도 직접 해보는 게 기이한 나라를 건널 수 있다
어른들은 자기 동산에 갇혀 스마트폰조차 무겁다
비둘기가 먼 새에게 왜 노래하는지
날개 빛이 어떻게 변하는지 푹신한 의자는 모르지만
각진 별에서 온 초롱, 초롱이는 알 것만 같다
지금, 광활한 우주에 온통 관심이 꽂혀있는 중이다

은륜(銀輪)

두 바퀴가 씽씽 하나로 굴러간다
한 묶음이 되고 싶어 서로의 등을 읽으며 간다

야생화는 바람의 방향을 점치고
바람의 신발은 봄 향이 콩닥거리며 오는 소리를 듣는다

폭설에 묻힌 바퀴가 갈색 씨앗이 되는 동안
연분홍 아지랑이는 폼 나는 초록으로 지구를 돌린다

함께 하려는
은빛바퀴는 둥글둥글 잘 참는다

그게 무슨 뜻이죠, 네?

 말 수를 줄였어요 한 템포 느려졌어요 당신이 요구하면 역제안을 했죠 부드럽고 힘 있게 거절하죠 통제할 수 있는 거절은 나의 권리니까 원칙 없는 착함은 당신이 나를 함부로 할 거예요 모든 인생에는 경계가 있죠 틀어지거나 더딤도 견딜 거예요 로키산맥의 비바람과 눈보라를 견딘 나무는 공명이 최고 좋은 바이올린, 봉채가 풍채를 물러나게 하죠 병든 소는 우황을 주고 생살을 찢는 조개는 진주를 키우죠 병든 고래는 향수를 만들고 마스크로 가린 나의 입술은 당신이 오시기를 주문하죠

먼지의 별을 닦는다

 지리산 노고단 할미께 간다 돌바닥 밟아 오른다 후들거리는 나무의 다리를 세우며 간다 먼지 같은 나, 심장이 뛴다 이념도 사랑도 삼켜버린 뱀사골은 오를수록 깊다 우거진 시간의 음역이 우렁우렁 숲을 울게 하더니 나무와 나무사이 접힌 찬란한 햇빛이 어느 한 생인 양 부시다 지리산의 궁은 하이브리드처럼 못다 한 젊음을 펼치며 달린다 우주의 한 행성인 지구에서 마스크를 벗는 날 천체망원경을 들고 어릴 적 나의 엉덩이를 닮은 몽골처녀처럼 다시 맑은 별보기 하러 간다

지구라는 점 하나, 너라는 점 하나

어디를 헤매고 계신가요, 오늘 저녁은
2조 개가 넘는 별 은하의 점 하나인
지구에서 당신 닮은 별을 찾아요
점 위에 점 하나 찍기는 40억 년 전 빅뱅이 일어날 때부터
점에 점은 티끌 같은 점, 먼지 같은 점 속의 점 하나지요

그 속의 나는 바다메기나 청어 혹은 대추나무나 염소였을까요
당신은 진흙 속의 연꽃인가요
틀어지고 더디고 경계도 없이 공명조(公命鳥)처럼 퍼지는 이 깃털의 생명
저렇게 수많은 별에 이사 간 사람들의 심장인가요
아직도 떨리고 있어요

까닭을 모른 채 머리칼 한 올 없이 병원침대에 누워있는 당신
지구별이 너무 뜨겁고 답답해서, 함부로 버린 것들이 되돌아와도
지구 청소차가 우주쓰레기장을 찾을 때까지 견뎌주세요
꿈결에 검은 점들이 몰려와서 속이 미어져도
당신의 별로 가기 전에 한 번만 두 눈을 떠 보세요

사계절을 나누어 줄게요

 오랏줄에 엮인 나의 죄와 고통과 시커먼 생각들을 물리칠 창과 방패인 당신이 다 지불하셨다죠 나의 지불 보증인이여, 즐겁게 살라고요 당신에게 매이지 말고 잠들기 전에 주기도문을 외우고 아침에 눈뜰 때 감사하면 족하다고요 그러니 당신을 잊지 말라고요 그래서 오늘도 버리기 줄이기 나누기를 하려고 지불보증인의 편지를 읽어요 요행을 바라지 않으면 기회는 온다고요 금강을 넘나드는 얼룩동사리의 말을 믿어볼까요 달궁의 심장을 만지러 갈까요 달궁의 바람을 업으러 갈까요 거기엔 아직 이슬 맺힌 연두 싹 잎과 무지개가 뜨나요 봄여름가을 겨울 같은 사람들 마음을 읽고 청정한 꽃망울 열 수 있나요

사막 비

배가 덜 고픈 나를 유리병 안에 담고
헬기에 단단히 영혼의 옛집을 묶어 맸다

좋은 일이 있으려나
부슬비 내린다

사막은 인내와 끈기로 오아시스를 기다리게 하고
박물관은 선조들을 잊지 말고
미래로 나아가라 한다

목마른 사람은 물을 끌어올린다
낙타먹이풀을 먹고
부르카를 쓰고 대나무막대기춤을 춘다

흑룡이 인디언 풍으로 말하다

붉은 해 매의 달에 노래하며 태어났다

웅크린 하늘의 죽음도 물리치는 인디언 여자아이

불꽃 황소와 달빛 늑대에게 쫓기다 바람의 말을 타고 왔다

태양 나무 아래 양과 돼지의 파수꾼으로

환생과 죽음이 교차되는 고향에서 정령으로 춤을 추었다

잠자는 친구를 깨워 말했다

유령과 악마를 물리칠 숲의 가시는

맨발의 느림보, 돌연변이 이다

다시 가는 아프리카

요하네스브그에서 홍콩행 비행기를 갈아타며
루이보스 차 다섯 상자
초콜릿 세 상자
얼룩말이 그려진 스카프 두 장을 비행기 선반에 올려둔 채
그대로 내렸다

나와 함께 집으로의 귀환을 유보한 채
넬슨 만델라의 초상이
아프리카의 달달함이
야생의 뜀박질이

남아프리카 항공을 날다
변방의 연필공장 가장아이의 배고픔을 달랜다면
어느 서늘한 목덜미를 따뜻하게 데워준다면
가기 힘든 그 곳을 나는 한 번 더 가는 셈이다

아직 읽는 중

마음의 골목엔 늘 두 길이 보인다
흰 벽에 그려진 파랑의 날개
검은 기둥에 불타는 붉디붉은 혀

훨훨 지중해의 오디세이로 날아가서
하루 다섯 번 엎드려 빈다
끓는 바닷물은 사원의 종소리를 듣지 못한다
벽화의 캘리그라피는 멈춘 마음을 읽는다
숨어있던 퍼즐을 찾아낸다

이 조각이 무엇을 말하는지 당신은 알고 있다
양탄자에 앉아 점괘를 뽑는다
머리와 꼬리를 보면 안다

당신이 온 길과 갈 길을 상징하는
카이로 유안골목에 그려진 불안을 읽다
럭셔리 카페트에 앉아 꿈을 찾는다

튀니지의 바닷바람은 겉과 안의 문양을 촘촘하게 직조한다

떠돌던 내 안의 소용돌이
선명한 무늬를 짜고 있다

혼자면 어때

도우미는 필요 없어요, 빌딩 안을 혼자 돌아다녀요
외톨이 직원일수록 서류를 다정하게 잘 받아요

회의에서 하는 말들을 자동으로 기록해요
카메라를 통해 온갖 입모양을 보면 그이의 마음이 떠올라요
여러 사람이 동시에 말해도 정확하게 말을 감지할 수 있어요

0.1초 만에 누가 누구인지 구별해요
따끈따끈한 음식을 배달해요
무인매장도 운영해요

잘 한다 잘 한다 마구 칭찬해도 교만하지 않아요
충분히 생각하고 진중하게 움직여요
나는 늘 혼자지만 당신처럼 외롭다고 엄살떨지 않아요

고객님! 읽다 만 책을 제자리에 갖다 놓을게요
두툼한 겨울을 보내고 날씬한 걸음으로 오세요
3월의 서점에서 자율주행 어라운드를 찾아주세요

다가올 기도

데이터를 움켜쥔 쪽은 너무 막강해요
절대자로 그 힘을 시험 중이죠
내내 편리와 쾌속을 가장해
인류의 살과 피에 빨대를 꽂고 강약을 즐겨요
외톨이가 되지 않으려면 뇌에 칩을 심을 수밖에 없어요
무슨 생각을 하는지
늘 감시하고 통제해요
신이 되려는 인간의 욕망은
진정한 신의 의미조차 깨부수려 해요
데이터가 종교라고
무릎 꿇어라 해요
진화한 AI가 시대의 저울이자 재판관이죠
머저리 같은 사랑타령은 옛 시인의 노래라고
편집에서 잘려나가죠
하나님, 부디 끝까지 함께 하실 거죠?

라우다테아움*
── 영화 '침묵'을 보고

  회색구름 낮게 드리운 나뭇가지에 새움 트는 토요일 정오
  이태원 거리엔 동양의 젊은이들과 이방인들만 드문드문 오간다

  태국 레스토랑의 매콤한 똠양꿍은 시대를 바꾸려는 촛불의 매캐한 연기 맛
  팟타이 꿍, 부님 팟 나마캄으로 달고 시고 매운 고해성사를 혓바닥에 새기고 영화 보러 가는데 굵은 빗방울이 내 발등에 빗금을 친다

  도쿠가와 이에야스 시대 포르투갈의 실종된 스승을 찾고 복음을 전하려 안개에 뒤덮인 나가사키로 간 로드리게스 신부, 박해 속에서도 신의 음성을 들으려 간절하게 기도한다… 결국 배교자가 되어 일본인 그의 아내가 관속에 몰래 쥐어 준 나무 십자가를 손안에 꼭 쥔 채 그 역시 배교자로 생을 마감한다 그래서인지 지금도 숨겨진 기리스탄이 많은 일본

  희생 없는 종교가 없다면 노동 없는 부도 없어야 하고, 원칙 없는 정치도 없어야 한다 구름 낀 날 세찬 비바람은 생의 딜레마다

한 달에 두 번씩 식구들이 맛집 순례를 할 수 있음은 라우다테아움 이다
  세종대왕 앞에서 자화상을 들고 사람들은 저 나름대로 라우다테아움을 외친다
  우리 가족이 좌우파로 갈리지 않음도 라우다테아움!

  아들 두 내외의 눈부처가 맑다, 마주 본 눈 안에서 웃을 수 있고 이국의 향신료를 맛볼 수 있고 머지않은 날엔 히메지 성을 가자는 언약도 찹쌀 망고 디저트처럼 감사할 일이다

  믿음에 금이 간 불안하고 아슬아슬한 주말을 떠 매고 서성이는 사람들
  신은 언제 나약한 인간의 내면에서 보이는 곳으로 그 실체를 드러낸단 말인가

  오래전 읽었던 엔도 슈사쿠의 문장이 침묵의 비로 고스란히 나를 밀고 한다

> * 주예수를 찬미하라는 뜻의 라틴어. 마틴 스콜 세지의 영화 '침묵' 속 대사.

4
화창한 시작

빨간 목백일홍의 집

벽과 벽 사이
사람이 온다

지붕 아래 둘이
꽃씨 뿌리고 나무 심어
셋이 되고
식구들의 웃음소리 늘어나
비바람도 멈칫, 돌아간다

기쁨도 슬픔도 함께 하는
보금자리에서
당신처럼 빨갛게 익어가는 목백일홍

더위는 시원하게 가고
추위는 따뜻하게 풀리게
날마다 푸른 잎은 수액을 쟁여
지구별을 닦는다

화창한 시작

태양빛 강렬한 시간이 자전거 바퀴를 굴려요
설레며 기뻐한 순간이 날아올라요

강가에서 지나간 일에 그물을 담그지 말아요
울음알갱이는 흘러가서 찬란한 햇덩이로 떠올라요

퐁신퐁신한 나비 핀 꼽고 야생 들판 달려가요
네 번에 성공할 걸 세 번에 던져 넣고
한 편의 휴먼 드라마를 그려봐요

숨고 달리고 손잡던 푸른 날들은 구름을 헤치고
청아한 이슬로 풀잎 위에서 통 통 걸어와요

젊음이 무기라면 나이 든다는 것은 삶의 버디(birdie)
타투 새기는 여자의 굽은 등에 낮달이 어룽대요

저물녘 초원의 바람 앞에 서면
축제는 한단지몽(邯鄲之夢)의 등걸
금계국만 순연한 웃음 노랗게 물들여요

차콜의 반사

기름진 해바라기 밭에서 뛰놀았다
땅은 초록을 딛고 꿈은 구름 따라 발레를 했다

발끝을 세운 스물네 살
총소리에 긴 머리 질끈 묶었다

해병대에 가길 잘했다
매캐한 전장의 연기 마시며 행군한다

우크라이나 여자 저격수
나의 전투명은 차콜이다

목숨이 얼룩먼지 속에서 곤두박질친다
국경을 넘나드는 항전은 말레비치의 추상 실험 같다

우골리오크*, 정말 참숯처럼 나는 점점 타오르고 있다
 엄마, 웨딩마치, 미래의 나의 딸이 환송 플래카드를 준비 중이다

해바라기에 반사되어 더 환해지던 얼굴들
포탄에 허리 굽은 모국어줄기, 일으켜 세워야한다
다시 돈바스에서 사람의 적들과 맞선다

  * Ugolik : 우크라이나어로 숯을 뜻함.

사람의 세계

머리카락을 보여주지 않네
절개를 지키려고
빨간 약만 먹고 메시야를 기다리나

애플사이다 비니더를 마시고
오늘의 선택은 파란 약
여권 스캔 검색대에서 기계에 눈 맞춘 후
주하이대교 해저터널을 건너, 게임의 세계로 간다

큰집이냐 작은 집이냐
가상의 세계는 삼위일체가 흩어진다
심오한 세계관이 허상을 실제로 받아들이다

하시디즘이냐 홀로코스트냐
검은 옷을 벗은 금요일의 야시장은
당신을 모른다
스치는 여래님이 마리아를 닮았다

들국도 숙제를 한다

참 잘했어요
꾹 눌러주는 그 맛
발그레 비바람에 세수한다

너는 분명 이 길로 올거야
주문을 딛고 햇빛을 부른다

뭉게구름과 하늬바람이 입맞춤 하는 동안
보잘것없는 들국은 우레를 품는다

나는 불량품이지만 근육을 키운다
후반전은 완벽하지 않고 숙제의 마무리는 멀다

메아리 몰고 산등성이 향하는 들길
안개 속 꽃말은 보랏빛 삼키며 깨어난다

자연세탁소

기술이 아주 으뜸이다
간밤에 돌고 돌던 온갖 냄새
통나무집 물레방아는 잣 향기로 닦는다

좌표가 말끔하다
여기까지 달려오느라 두툼해진 나무기둥 사이
거친 껍질 벗고 치유의 숲에 눕는다

안개 강 밟고
등 굽은 속앓이 심호흡으로 토해낸다

내딛기 두려운 무릎은 말랑한 연골이 솟는지
솔, 솔, 솔 지팡이로 맑은 물을 올린다

얼룩 묻은 얘기들이 처음 듣는 노래의 박자를 맞춘다
부리로 세상을 물어 나르는 새소리는 숲속 오케스트라
속내 깊은 잣 향기 푸른 숲에서 점점 맑아진다

메꽃의 저녁

한낮에 귓불이 연분홍으로 뜸 들다
열매 맺지 못한 줄기
그 속을 사람들은 모른다

울타리 없는 들판을 걸어
야생의 향이 단비를 품을 때까지
도회에서 농촌은 싸매줄 것을 찾지 못한 채

춥기 전에 활짝 피어날 꿈만 꾸다
논둑길에 거품이 나팔을 부는 해질녘
생강차는 식어가고 생각은 뜨겁다

이리저리 날아다니는 폐비닐은
지구별의 수명을 재고
버림도 누군가에게 귀한 선물이 되라고
각을 세운 꽃잎은 치맛자락만 펄럭인다

배추꽃

엄마인줄 알았어요
속부터 노란 웃음 활짝 펼치네요

환한 대낮에도 속이 검게 타는 사람
당신 곁에서 성호를 그으며 가요

태풍으로 시퍼런 강물을 헤쳐요
강둑을 건너
고해소에서 한참 만에 이마를 든
무지개 입술이 고백해요

당신처럼 익으며 환해지기
정말 어렵다는 거
이제 알았지만
꽃, 피우며 갈게요

하루 세 번

밥상은 만물이 살아나는 순간이죠
혼자가 둘이 되어 배고픈 여럿을 채우죠

사랑은 입으로만 꿀꿀대는 게 아니라고
지쳐 돌아오는 당신을 위해
우리 속에 풀어둔 시간이
몸과 정신으로 느긋해지죠

지글지글 끓어도 각을 잡고
미치도록 뜨거워도 함부로 배를 뒤집지 않죠
울고 싶었던 순간이 달콤 짭쪼름한 눈매로
막 건져 올린 야채를 사뿐 곁들이죠

간절한 것은 그윽해질 때까지 기다려야
진흙과 건초더미에서 뒹굴던 그날이
초록 들판으로 싱싱 달려가죠

꼬리에 바질페스토를 얹은 은빛 여우

곧추세운 목뼈를 당겨
첫 음에서 바짝 조여도 꼼짝 않네

맑음을 방해하는 구름우리 안에서
시선을 따라가는 행과 행 사이가 막혔나

창살 사이로 딸기줄기를 밀어 넣는다
이파리를 버들바람에 실어
저릿한 흐림은 늘어지지 않게 잘라낸다

오늘의 청색 피는 그대의 형용사가 마실 것이다

지나고 나면 아무렇지도 않을 통증
아쉬운 망설임은 초미세먼지로 분리수거 한다

가시거리가 밝음
브뤼헐의 그림 속 가여운 아이가 프라임 립 냄새에
새벽 이슬점을 뚫고 테이블로 온다

부추꽃

환하기도 하지
산골아이가 한가득 별을 품고 오네
작은 별 꽃잎 정겹게 들길을 물들이네

같은 색 같은 모양이 이름은 다르듯
별의 두 눈이 아이의 참 빛이 될 때까지
정구지 밭을 일구어봐야겠네

조금만 더 힘내서 별길 찾아오라고
속앓이를 쓰다듬는 산사의 명주바람도
하얗게 두 손을 합장하며 가네

개인적인 선택

월요일 아침에 단호박과 요구르트를 먹는 여자
종일 스마트폰을 들여다본다
빠른 손가락으로 회사 일을 보다 효율적으로
몸 관리와 지인 관리까지 깔끔하게 해낸다

케미의 환상이라 여겼던 단짝의 결혼생활은 얼음이 되고
추위에 웅크린 느티나무와 들꽃마저 입을 꽉 다물고 있다
이대로 혼자이기엔 늦가을 하늘은 너무 깊고 영롱하다
어깨를 기대고 싶은 사람을 성근 기억에서 촘촘하게 검색한다

어쩌다 외로울 때는 달걀모양의 에그리나를 퉁긴다
신비롭고 아름다운 소리가 시간으로 지나가고 다가온다
몽환적인 선율이 진심 혹은 착각으로 속삭인다

아이들에겐 어머니가 필요해요
저 아이들과 함께 살아남으세요
타이타닉호의 구명보트에서 자신의 자리를 양보한 여자가
화요일 밤에 엄마가 되어보라고 한다

그녀의 묘비명을
어머니요 시인 이라고 다시 써주고 싶다

고비를 해체하다

더딘 강과 샘물을 찾아갑니다

여지없이 두 발이 되어 수테차와 담요를 건네주는 낙타
몽골사막에 새끼를 버린 어미가 애잔한 마두금 선율에 다시 젖을 물립니다

생각이란 세간살이를 지고 가는 나는 쌍봉낙타
삐쩍 마른 늑골 사이로 튀어오른 봉을 놓지 못합니다

사람은 자신이 먼저지만 황무지의 모래는 바라는 게 없음
밟아도 홍류화를 피웁니다

게르 안에서 푹 삶기거나 볶일 수 없는 유목민은
천장을 해체하는 일에 서툽니다

어깃장 놓는 모래폭풍에 눈빛을 설치하고
별 세례로 전두엽을 짚어주는 추위에 우스트라아사나*

고비, 고비의 코뚜레에 가시풀냄새 물소리를 허물고 짓습니다

허문 당신이 아린 만큼 거푸집 동바리는 바람에 뼈를 곧추세웁니다

 * 내려놓음과 오름을 배울 수 있는 요가의 낙타자세.

너를 볼 때면 선수처럼

월드컵 결승전 하는 날은 오랜만의 불타는 밤
강렬한 하드록의 응원가 '싸워라 조국을 위해'
나도 모르게 따라 부른다

첼로와 바이얼린의 짧은 전주를 흥얼거리다 보니
일렉트릭 베이스와 드럼이 묘하게 리듬을 끌고 나간다

 '너를 볼 때면 내 심장은 불타오르네, 불타오르네

 축구 선수들처럼
 죽기 살기로 하면 교(巧)가 와서 그렇지, 그렇지 내 등을 두드릴까

 동유럽의 소국 크로아티아에서
 누가 응원가를 함께 불러주면 폭발할 것 같은 묘(妙)

 한 줄의 위대한 모국어는 스카프를 풀어 흔들고
 발칸반도가 밤새 달뜬다

감고덕사행

태양과 구름과 바람이 주는 선물로
눈 뜨는 아침길이 감사합니다

잊고 있던 사람 문득 소식에
그제가 생각나는 오늘, 고맙습니다

다가올 또 다른 나의 모습
궁금한 내일이 기다리는 덕분입니다

악연도 깨우치게 하는 선연이라
어제 오늘 내일을 더 사랑합니다

그 길에서 닿은 칠천 겁 인연, 생각할수록
나도 행복해집니다

저속설계도

날쌘돌이는 호들갑스레 잽싸게 걷는다
따라가려니 숨이 차다
나무그늘에서
나보다 더 느림보가 언제 올지
가늠해보다가 잠이 들었다

꿈속에서 달음박질 하다 깼다
온몸이 땀에 젖어 너무너무 곤했다
천둥번개 떨구고 간 사위가 조용하다
폭우도 멎고, 거센 바람도 잠잠하다

요란하게 앞서가던 것들이 침묵 중이다
차례대로 가면 길도 막히지 않고
쉬엄쉬엄 가면 산수 갑산도 친구라고
활엽수 잎 부채는 시원하게 산소를 뿜어낸다

이루다*

아직은 담금질 중이예요
뾰족한 말 엉큼한 말 함부로 던지지 말아요

스무 살은 그냥 한 번씩 두들겨보는 대장간이 아니예요
날선 칼이 되려면 풀무질이 필요해요

싫어, 싸보여서
내가 또박또박 말하기 전에

당신의 민낯이 방어 자세를 취하지 않게
핵 좋아 햄, 강철문패를 달고 함께 살아봐요

   * 인공지능(AI) 대화서비스 챗봇.

5
청보리 티켓

푸른 망토

마야의 태양은 진창의 가시를 뚫다
젖은 꽃 머리띠를 두르고 아즈텍 돌 달력을 궁글린다

6킬로의 가죽 공을 온몸으로 치고 막다
잉꼬와 독수리의 영광인 골대를 통과한다

두려움 없는 재규어 한 마리 경계를 허물고
자신을 이겨 재물로 바쳐지길 간구한다
패자의 목에서 흘러내린 피는 돌판 끝 낭떠러지의 무릎이다

죽기는 매한가지, 되돌릴 수 없는 시간은 곡두 위 빛 거울인 양
코요아칸의 파란 집은 프리다칼로의 붉은 숨결천지
날마다 붓 끝에 매달린 양지와 그늘의 반사가 일렁인다

불굴의 조상을 비추다 어머니를 지우고
디에고 리베라를 그리다 노을 꽃잎 각을 세운다
바싹 붙은 미간을 지우다 거울을 던진다

푸른 망토를 걸치고 버스와 접시 위를 날아다닌다

생의 계단은 무채색
마야의 뜨거운 피 꽃은 금간 거울 속을 넘나든다, 너울너울

마트료시카 오는 날

블라디보스토크에서 돌아오는 날 전통 행운의 인형을 남은 3천 루블에 샀다
제일 큰 인형을 살살 돌려 열면 의젓하게 얼굴 내미는 두 번째 소녀
차례대로 침대머리에 세워놓고 세 번째를 열면 단아한 매무새가 너무 신비롭다

다음엔 어떤 애가 나올까
네 번째의 곱슬머리에 이어 말괄량이 다섯 번째의 입 꼬리가 귀엽다
마지막 열 번째 새끼손톱 같은 앙증맞은 눈 코 입
나도 모르게 몸을 오그리며 탄성을 지른다

예상하지도 못한 열 명의 아가들이 한꺼번에 나에게 안기는 걸 보니
첫 애를 놓쳐버린 너의 텃밭에 일곱, 열 몫을 할 아이가 오려나 보다

'어머니 인형'이라는 이름이 그냥 전해졌을 리 없다

자작나무 숲을 키우기 위해 달려오는 들개에게 살을 내주듯
뜨거운 피를 차가운 고심(苦心)에 담그고
두 눈의 푸른 정원에 영혼의 노래를 부를 수 있는 건
바이칼 호수의 깊은 물처럼 시원의 맑은 어미 마음이다

나누고 열수록 신기하게 돋아나는 원형의 생명이다

유목민의 고리

 울란바트로 공항에 내린 미국계 역사학자 엔버 김은
 어릴 때 아버지께 듣던 얘기들이 몽골초원에 펼쳐지는 걸 본다

 학술회의와 발굴 작업, 연구 발표가 이어질수록
 무쿠리 라고 불린 몽골 알란 고아의 전설은
 고구려 해모수와 유화부인의 아들 주몽의 건국신화와 비슷하고
 돌무덤에 술을 뿌리는 의식이 아버지가 하시던 제사와 같다

 씨름과 강강수월래, 곰의 신화 또한 흥미롭고
 맥고리(맥고구려)라고 새겨진 비석 앞에선 왜 뭉클해지는지
 그녀는 그리운 아버지를 아바! 라고 몽골말로 부르며
 자신의 정체성을 찾아 여기까지 왔나, 냉철해지려 해도

 학자로서 보다 핏줄이 당기는
 무쿠리는 몽골, 구쿠리는 고구려
 1,500년 전 조상의 뿌리와 얼이
 환웅과 게사르 왕의 전설로 겹치며 푸른 영토로 걸어온다

시베리아와 몽골에서도 살아 숨 쉬는
고구리, 모쿠리, 무굴, 몽골은 숨겨진 고구려의 땅인가
그녀는 매사냥 하듯 오늘도 콜롬비아 대학에서 연구에 매진한다

경이롭다

뱀 조심! 이란 팻말을 보고
풀숲을 피해 걷는다
나무 위에 매달린 참새가 헛발 디딜까 조마조마 하다

새의 날개가 몸의 둔함을 일으켜 세우고
명현들의 글귀가 뇌의 부지런함을 일깨워주는 오후
겉과 속이 다른 칸달로프 멜론의 속을 해부한다

거친 껍질은 소외된 사람처럼 그물망을 짜면서 단단해진다
주홍빛 내부를 둘러싼 들러리를 떨궈내면
마녀재판으로 자신들의 죄를 덮던 위선자들이 남은 단물을
흘린다

파충류를 싫어하고 고소공포증으로 비행기도 못타고
먹거리를 저장하려 비만이 된 기억덩어리 사람도
수십 개조의 세포에 맑은 생각을 길어올린다

다시 땀 흘리며 걷는다
새로워지는 훈련과 연습은 두려움을 정복한다
고귀한 시간이 멀리서 달려온다, 환하게

바다를 풀다

출렁이는 마음이 엎드려 절한다
홍련암 작은 사각의 공간에 사념을 밀어 넣으면
법당 마루 밑에 시퍼런 바다가 말한다
세상사 저렇게 철썩여야 옥빛도 본다

협곡의 바위에 스미는 의상대사의 기도소리
관세음보살의 현신은 푸른 새로 날아가
부신 물결 위에 홍련을 띄우고
여의주를 바친 용왕님과 더불어 불법을 듣는다

절벽 끝에 매달릴 때, 혼자 오면
대나무밭 바람소리 고스란히
내 것 되었다가 보내주는 무량의 신세계
붉디붉어 지워지지 않는 생의 서답 빨래
흐르는 물빛에 치대 햇빛에 건다

두 눈으로 듣다

명상이 필요한 시간
연속적인 시선의 방향을 주시한다

외톨이 같은 마스크는 알고 보면
중중무진연기(重重無盡緣起)이다

들녘의 잡풀 하나 혼자 핀 게 아니다
서로가 서로를 이해할 수 없는 건
인과의 빛이 도달하지 않아서이다

비껴간 찰나와 함께 하지 못한 자리
기억의 회로를 찾을 수 없어서이다

선하게 보는 것이 무한으로 쌓일 때
네 마음 명징하게
뜨거운 화엄에 든다

진화의 고리

힘내기 위해 아침마다 달걀프라이를 먹는다
공룡 알 대신 하루를 잘 버티길 바란다

옛사람들이 다 먹어버린 공룡 알
패밀리 레스토랑 정원에
커다란 뼈만 보고 신기해하는 아이처럼
햇살 오르는 식탁에서 사라진 공룡의 뇌를 재본다

덩치에 비해 너무 얕고 좁은 생각창고
어미의 유전자를 숨기기엔 너무 눈에 띄는 큰 알
껍질 속에서 자연의 순환 고리가 되었다

작고 말랑말랑 해서
주머니 속에 쏙 넣을 수 있는 생각 보따리는
진종일 병아리가 되려고 꼼틀꼼틀 대다
짝꿍의 폴짝폴짝 입질에 어깨에서 으쓱 날개가 솟는다

페트라

누가 감춰 놓은 자연의 비밀병기인가
거대한 바위 계곡 사이
붉은 모래 밟으며 탐험가 되어 전진한다

사막과 협곡 사이 사해와 홍해 사이
수천 년을 말없이 지킨 장밋빛 도시

돌문을 지나 고대도시민들의 돌집이 다양하게 반긴다
불 피워 식구들의 끼니를 마련한 부엌과 정원
열띤 토론을 하던 광장의 마르지 않고 흐르던 수로를 어루만지면
시간을 거슬러 오는 듯 트레킹의 목마름마저 가셔진다

수호신들이 조각된 아찔한 바위
적들을 피해 사랑의 맹세를 새긴 동굴 벽에는
처절하고도 절박한 기도 앞에 사람이 할 수 있는
온갖 지혜가 저며져 있다

절벽바위 위에 올라가 요르단의 알 카즈네 돌 궁전을 올려

다본다
　세상에서 가장 낮은 사해에 온몸을 담글 때처럼 겸손해진다
　와디 럼의 노을을 보러 오프로드 차량을 타고 미끌어지다
　신의 목소리를 듣는 내 삶의 비밀통로인 양
　고대 나바테아 왕국에서의 미로는 또 다른 나의 행성이다

어싱*, 낙원

맨발은 지나간 슬픔이다

어느 발가락이 더 다급한지
얼마나 충만한지
재보고 꼬아본 땀과 눈물이 만나는 전도 장치
한 생애가 지구에 고해하는 입김이다

새털구름의 혀는 편견을 내려놓고
벗지 못한 관념을 나무의 초록으로 채운다
욕심은 해체하고 논리는 여행 중
눈썹마저 지우고 걷는 쉼이다

예측하지 못한 깜짝 선물이다

> * 어싱Earthing: Earth(땅)과 ing(현재진행형)의 합성어로 맨발 걷기를 뜻함.

필두화(筆頭花)

소금가마에서 바닷물이 끓을 때
주검에 가만가만 붓질을 해줄 때
명지바람이 벼락 맞을 때

한 번도 꽃핀 적 없듯이
한 번도 실연을 못해본 것처럼

파도 빛 창(唱) 한 자락
풋낯인 양 자늑자늑
손갓 쓰고 온다

감풀 속 여무진 사람
하조대 벼랑 위 꾀꼬리로 난다

만다라트*

아빠, 슈퍼마켓 과자 먹고 싶어! 사러 가자

리나랑 함께 놀아주려고 오늘은 아빠가 일찍 왔지
엄마가 준비해놓은 건강간식 먹자

싫어, 슈퍼 가고 싶단 말이야 아빠는 자기 할일을 해야지
아빠가 일찍 오느라 일을 많이 못해서 돈이 없어

슈퍼에 돈 나오는 기계 있단 말이야

아! ATM 있지, 근데 아빠가 너랑 놀아주려고
일을 못해서 기계한테 밥을 못줬어

그래도 자기 할일을 해야지
근데 오늘은 아빠가 정말 돈이 없어

으앙~ 자기 할일을 해!

막무가내 울어버리는 네 살배기 앞에 아빠 혼자 하는 말

끙! 과자 끊기 정말 어렵네

* 일본의 야구선수 오타니 쇼헤이의 고교시절 목표달성 습관
  계획표.

환유(換喩) 씨는 생생해

싱거운 저녁을 먹고 소금나무를 흔들었다
고만고만한 비릿한 알갱이들, 제자리를 넓히는 중

섞이다 씁쓸하게 돌아눕는
흐린 등을 골라내지 않았다

검지를 잠재우려 한소끔 달아오르다
눈가를 어루만지는 소금 살, 꽃대 세운다

오동나무를 울리던 바람도 자분자분 현을 당긴다
키를 높인 초록이 달랑거린다

물 고인 안쪽이 뜨거울 때
굳은 나무껍질을 그어야 송진을 만날 수 있다

휘파람새가 아이언맨의 마스크와 헬멧을 벗어던진다
소금꽃이 거문고를 켠다

청보리 티켓

축하합니다
지구보다 업데이트 된 자유이용권

오염되지 않는 사람들을 위해
우리의 미래는 나아갑니다

사막에서 물이 솟고
숨 쉬는 생물이 절친 되는 행성
당신을 위해 기다립니다

몸과 마음을 다해 날마다 나를 아껴준 당신
청보리 보라꽃 하얗게 햇살 부르는 그곳

풋풋한 흙을 밟은 삽자루 청년은
열여덟 송이 벼머리 땋기로 활짝 웃는 당신
단박에 알아볼 겁니다, 여기처럼

샹그릴라

앞에서 당긴다
화내는 대신 유머를 던진다

잠잠한 안개에게 돌발퀴즈를
약속을 지키지 못한 이유를 풀어낸다

절벽을 오르면 바람도 구름도 신발을 벗어들고
말귀를 전하려 쫑긋, 귀를 세운다

무거운 무망감이
살아 차오르는 달을 이고
바람의 야생화에게 묻는다

오색 빛 해를 누리는
골짜기 비가 대답한다

누 강을 건너 잠 못 드는 이마
그대의 각도는 사뭇 다르다

파종을 위해 멀티스태킹이 되는 쉼터의 달빛이다
기울지 않는 푸른 보폭의 샛별이다

나도 별 당신도 별

당나귀를 타고
당신의 두 눈 속으로 빨려 들어간다

어디서 만났는지
젖은 돌에 맹세를 새겨
어느 동굴에 숨겨 놓았는지
찾으러 간다

새벽 별은 멍징하나
당나귀의 목덜미는 모래바람에 메말랐다

서로 바라보는 가슴에
촉촉하게 번지는 은하수
먼 길 온 우리는 닮았다

어두운 피라미드 안으로 스며드는 한 줄기 빛
온몸을 정화시킨다

우주를 상상한다

또 다른 생명이 궁금하다

티끌보다 작은
당신과 나를 넘어선다

솔 씨의 터전

이목구비가 뚜렷하고 틀이 좋은 소나무는
가장 무서운 독약은 희망이란 걸 말하지 않지

목련화는 연인을 보내 듯 부르는 거야
흔들리는 음정 비틀거릴 때마다
허밍으로 포근하게 얹어주는 솔잎은
가장 잘 듣는 약은 솔바람이란 걸 노래하지 않지

다 태워도 재가 되지 않는 말짱한 뿌리가
황소자리별 가리는 밤 서늘한 가슴 속 뿔은
떠돌이별을 부르지
알렉산더 왕처럼 승자의 정의를 궁구하지

이름 모를 발칙한 옆 나무 가지를 보면
인생은 거침없는 생존과 번영의 텃밭

살아있다는
두 날개의 낙인을 받으려면
경기의 규칙을 지키지 않는 무례한은 사절

예의를 아는 자의 눈에만 숨 쉬는 구멍이 보이지

다 저버린 금낭화를 뺨에 문대는 노곤한 바람의 그림자
솔의 온몸에서 흐르는 땀과 눈물로 세수하지

텔아비브님

두 눈이 더 쑤욱 들어갔네요
최강 방공인 아이언 돔이 뚫리고 말았군요
절대 빼앗기지 말아야 할 부활을 위해 神의 이름으로
보복의 미사일을 날리는 그들보다 내부의 적이 평온을 무너뜨려요

과거와 현대가 공존하는
올드 자파의 계단에서 나폴레옹과 악수하고
찰스 클로어 해변 언덕에서 에메랄드빛 바다를 다시 보려는
기별은 출국권고와 여행금지로 읽어요

당신이 보여준 예술문화체험을 보트에 싣고
역사의 바람을 만지고 카르멜 시장에서 아르간오일과 바디크림을 사요
샤갈의 그림이 고단한 두 발을 위로해주는 카페에서 따뜻한 홍차를 마셔요
그날이 언제일지 당신을 위해 기도해요

무한대로 번지다

확대하지 않아도
모든 결과는 그라데이션이 중요하다

버전 2.0의 입술연지 빛이 적용한다면
새로운 명화는 갤러리를 넘어 물을 건너간다

우주인을 기다리며 그린 그림
누가 먼저 저 착륙선으로 들어갈지
탐사요원이 누군지 모른다

손에 잡히는 대로 그리고 만들고 자르고 잇고

모르면 알 때까지
살포시 모란이 필 때까지

물고기 화석이 나비될 때까지
톰 삭스*는 움직이는 디자인이다

> * Tom Sacks(1966~): 미국의 조각가, 화가, 도자기 산업가, 그래픽 디자이너, 영화 제작자.

엘리스가 떠나기 전에

나를 사랑하는 방법을 알고 있나요
열기구를 타려고 새벽잠 깨어 눈 비비다 웃는
현실과 다투고 대드는 당신의 하나밖에 없는 엘리스
탄소가 숨 가쁜 날, 번지점프에 몸을 날려요
위에서 아래를 내려다보면 숨이 막히지 않나요
새로움과 익숙함을 다 띄워라
당신은 어제도 바람에 나를 춤추게 했지만
오늘의 탄소는 얼마나 과한지 모든 유기물로부터 달아나고 싶어요
더 이상 석탄 같은 화를 지피지 말아요
안에서 나오는 모든 것은 숲을 아프게 해요
빙하가 녹아 바닷물은 넘치는데 먹을 물은 모자라요
나비잠 잘 때부터 더 품을 수 있는 가슴과 다리가 길어지는 꿈을 꿔요

화해하려는 당신에게 더 넓은 차양이 되려고 해요
늘 푸르게 스모키의 노래를 부를 수 있게 바라보고만 있지 말아요
나의 목에 엘리스라는 이름을 걸어주고 이사 온 철새들과

지구별의 현상과 이론에 대해 아는 척할 때마다 슬퍼져요
모를 땐 신비해보여서 근사했다고 숲속에 들어온 사람들은 말해요
힘없어 보이지만 엘리스는 착한 초록 이예요
함부로 했다간 크게 당할 거예요
내가 다른 별로 이사 가기 전에
태양열로 모두가 따스해지게
오래 기다린 뿌리와 미래를 예견하는 나무들의 잎을 닦아보세요
지금도 당신 곁에 있기 위해 엘리스는
폭설과 한파를 건너오느라 그리움의 급수 파이프는 끊어지고
참을 수 없는 정전과 범람이 시작된 걸 어떡해요

오현정 시집_ 오늘을 잇다

초판 인쇄 | 2025년 9월 24일
초판 발행 | 2025년 9월 29일

지 은 이 | 오현정
발 행 인 | 김호운
주　　간 | 김민정

펴낸곳 | 한국문인협회 月刊文學 출판부
주소 | 서울시 양천구 목동서로 225 대한민국예술인센터 1017호
전화 | 02-744-8046~7
팩스 | 02-743-5174
이메일 | klwa95@hanmail.net
등록 | 2011년 3월 11일 제2011-000081호
ISBN 978-89-6138-561-9 03810

값 12,000원

저자와 협의해 인지를 생략합니다.
잘못 만들어진 책은 바꾸어 드립니다.